Άνθρωπος και Φύση

Σρι Μάτα Αμριτάνανταμαΐ

Mata Amritanandamayi Center, San Ramon
Καλιφόρνια, Ηνωμένες Πολιτείες

Άνθρωπος και Φύση

Της Σρι Μάτα Αμριτάνανταμαϊ

Εκδόθηκε από:
Mata Amritanandamayi Center
P.O. Box 613
San Ramon, CA 94583
Ηνωμένες Πολιτείες

──────── *Man and Nature (Greek)* ────────

Πρώτη έκδοση Ελληνική του Κέντρου ΜΑ: Απρίλιος 2016

Σχετικές ιστοσελίδες στα ελληνικά:
www.amma-greece.org
https://ammahellas.wordpress.com/

Ιστοσελίδες στην Ινδία:
www.amritapuri.org
www.embracingtheworld.org

Ηλεκτρονική Διεύθυνση:
inform@amritapuri.org

Πρόλογος

Η ζωή μας διδάσκει ότι η εμπειρία είναι ο καλύτερος τρόπος εκπαίδευσης. Πραγματικοί δάσκαλοι είναι αυτοί, οι οποίοι αφυπνίζουν τη γνώση που υπάρχει ήδη μέσα μας, και οι οποίοι μας υπενθυμίζουν, ότι το να έχουμε γνώση και να μην κάνουμε τίποτα μ' αυτήν, είναι το ίδιο με το να μην γνωρίζουμε. Ο μοναδικός, αμίμητος τρόπος της Μητέρας να μεταμορφώνει τη γνώση μας σε πράξη, απορρέει απ' τη στοργική Της υπενθύμιση ότι «Η θρησκεία πρέπει να βιώνεται.»

Η θρησκεία είναι μια προσπάθεια να εξαλείψουμε τις λανθασμένες αντιλήψεις του εγώ και ν' απομακρύνουμε την αίσθηση της διττότητας απ' τη ζωή μας, αυτήν την τεχνητή διάκριση μεταξύ του εγώ και όλων των υπολοίπων. Η αίσθηση του εγώ, η οποία μας εμποδίζει να είμαστε ευσπλαχνικοί απέναντι στους συνανθρώπους μας, επειδή λανθασμένα πιστεύουμε ότι είμαστε διαχωρισμένοι απ' αυτούς, είναι η ίδια που επίσης μας οδηγεί να καταστρέφουμε το περιβάλλον, επειδή δεν συνειδητοποιούμε ότι είμαστε ένα αναπόσπαστο τμήμα του.

Οι περισσότεροι άνθρωποι εξακολουθούν να ενεργούν σα να ήταν το περιβάλλον ένας τόπος κάπου πολύ μακριά μας, στα δάση ή στα βουνά, παρά ο τόπος όπου όλοι ζούμε ή τα όντα που εμείς οι ίδιοι είμαστε. Η Άμμα λέει: «Άρνηση της ύπαρξης του Θεού σημαίνει άρνηση της δικής μας ύπαρξης.» Το ίδιο ισχύει και για τη Φύση που είναι ο Θεός σε ορατή μορφή. Παρότι πολλοί άνθρωποι πιστεύουν ότι ο άνθρωπος ήταν προορισμένος να κατακτήσει τη Φύση, στην προσπάθειά μας να το πετύχουμε αυτό, έχουμε γίνει ο χειρότερος εχθρός μας. Είμαστε μέρος της Φύσης. Η συνεχής δυνατότητά της να μας προστατεύει και να μας θρέφει εξαρτάται απ' την ικανότητά μας ν' αποκαταστήσουμε την ισορροπία στη σχέση μας με τη Γη και με όλα τα Δημιουργήματά της.

Τα λόγια της Μητέρας είναι μια έκκληση ν' ανακαλύψουμε τη γαλήνια ανιδιοτέλεια που βρίσκεται μέσα σ' όλους μας σε ληθαργική κατάσταση. Και η Φύση μας καλεί επίσης. Οι κραυγές της όμως έχουν γίνει πιο έντονες τώρα τελευταία, επειδή οι άνθρωποι καταστρέφουν ολοένα και περισσότερο τη δυνατότητα της Γης για ανανέωση. Το ότι είμαστε μέρος της Φύσης σημαίνει ότι εμείς οι ίδιοι είμαστε το περιβάλλον. Πρέπει ν' αρχίσουμε να κατανοούμε και να συνειδητοποιούμε ότι οι ανάγκες της Γης είναι ίδιες ακριβώς με τις δικές μας.

Δεν υπάρχει τίποτα να προστεθεί στη συζήτηση της Μητέρας για τη Φύση και το ρόλο μας σ' αυτόν τον πλανήτη. Και δεν εκπλήσσει καθόλου να θεωρούμε δεδομένη την αδιαιρετότητα μεταξύ Θεού και Φύσης, γιατί στην πραγματικότητα είναι ένα και το αυτό. Η άρνηση της Φύσης περιορίζει τόσο το νου μας όσο και την ικανότητά μας για ελευθερία. Η γαλήνη που αναζητούμε μέσα μας είναι αυτή η ίδια που διαπερνάει και διαποτίζει τα δάση, τους ωκεανούς και τις κορφές των βουνών. Και όπως πρέπει να εστιάσουμε την προσοχή μας και να προσπαθήσουμε για να γαληνέψουμε την ταραχή μέσα μας και να βρούμε την εσωτερική ειρήνη, έτσι πρέπει επίσης να δράσουμε για ν' ανατρέψουμε την καταστροφή που προκαλούμε στη Φύση. Η υπηρεσία προς τη Γη και τα Δημιουργήματά της είναι υπηρεσία προς το Θεό. Και δεν είναι μικρότερη ή υποδεέστερη απ' οποιαδήποτε άλλη μορφή υπηρεσίας προς σ' Αυτόν. Ας ανανεώσουμε την πίστη μας στην υπηρεσία προς τη Γη.

Sam La Budde (Σαμ Λα Μπάντε)
Διευθυντής του Προγράμματος
«Είδη που Απειλούνται με Αφανισμό»
Ινστιτούτο «Earth Island»
Σαν Φραντσίσκο, Καλιφόρνια, ΗΠΑ

※

«Μόνο μέσω της αγάπης
και της ευσπλαχνίας
είναι δυνατή η προστασία
και διατήρηση της Φύσης»

※

Άνθρωπος
και Φύση

Τα ακόλουθα είναι απαντήσεις της Μητέρας σε ερωτήσεις για περιβαλλοντικά θέματα, τις οποίες έθεσε σ' Αυτήν ο κ. Sam La Budde, κορυφαίος περιβαλλοντολόγος στις Ην. Πολιτείες.

Περιεχόμενα

Ερώτηση: Ποια είναι η σχέση μεταξύ ανθρώπου και Φύσης;

AMMA: Παιδιά[1] μου, ο άνθρωπος δε διαφέρει απ' τη Φύση. Είναι μέρος της Φύσης. Η ίδια η ύπαρξη των ανθρώπινων όντων στη Γη εξαρτάται απ' τη Φύση. Στην πραγματικότητα δεν είμαστε εμείς που προστατεύουμε τη Φύση, αλλά είναι η Φύση που προστατεύει εμάς. Τα δέντρα και τα φυτά, για παράδειγμα, είναι απολύτως απαραίτητα για τον εξαγνισμό της ζωτικής ενέργειας. Όλοι γνωρίζουν ότι οι άνθρωποι δεν μπορούν να ζήσουν στην έρημο. Ο λόγος είναι ότι εκεί δεν υπάρχουν δέντρα για να εξαγνίζουν τη ζωτική ενέργεια. Αν δεν λάβει χώρα η απορρύπανση της ατμόσφαιρας, θα χειροτερέψει η υγεία των ανθρώπων.

Αυτό θα έχει σαν αποτέλεσμα να προκληθεί μια μείωση του χρόνου ζωής τους, διάφορες ασθένειες, μείωση της όρασης ή ακόμα και τύφλωση. Οι ζωές μας εξαρτώνται απόλυτα απ' τη Φύση. Ακόμα και μια μικρή αλλαγή στη Φύση θα επηρεάσει τις ζωές μας σ' αυτόν τον πλανήτη. Παρομοίως, οι σκέψεις και οι πράξεις

---

[1] Η Άμμα θεωρεί παιδιά Της όλα τα όντα του κόσμου. (Σημ. Μεταφρ.)

των ανθρώπων επιδρούν στη Φύση. Αν χαθεί η ισορροπία στη Φύση, θα χαθεί επίσης και η αρμονία στη ζωή των ανθρώπων και αντιστρόφως.

Ο παράγοντας που συνδέει τον άνθρωπο με τη Φύση είναι η έμφυτη αθωότητα μέσα του. Νιώθουμε ακόμα την αθώα χαρά ενός παιδιού όταν βλέπουμε ένα ουράνιο τόξο ή τα κύματα του ωκεανού; Ένας ενήλικας, ο οποίος αντιλαμβάνεται ένα ουράνιο τόξο σαν κύματα φωτός και τίποτ' άλλο, δε θα γνωρίσει τη χαρά και το θαυμασμό ενός παιδιού που βλέπει ένα ουράνιο τόξο ή ενός παιδιού που παρατηρεί τα κύματα του ωκεανού.

Η πίστη στο Θεό είναι ο καλύτερος τρόπος για να διατηρηθεί αυτή η παιδική αθωότητα μέσα στον άνθρωπο. Αυτός που έχει πίστη και αφοσίωση στο Θεό, κάτι που με τη σειρά του απορρέει απ' την έμφυτη αθωότητά του, βλέπει το Θεό στα πάντα, σε κάθε δέντρο και ζώο, σε κάθε πτυχή της Φύσης. Αυτή η στάση του επιτρέπει να ζει σε απόλυτη αρμονία και συντονισμό με τη Φύση. Η ατελείωτη ροή αγάπης από κάποιον, ο οποίος πιστεύει αληθινά, προς ολόκληρη τη Δημιουργία θα έχει μια ήπια και κατευναστική επίδραση στη Φύση. Αυτή η αγάπη είναι η καλύτερη προστασία της Φύσης.

Όταν αυξάνει ο εγωισμός μας, είναι που αρχίζουμε να χάνουμε την αθωότητά μας. Όταν συμβαίνει αυτό, αποξενώνεται ο άνθρωπος απ' τη Φύση κι αρχίζει να την εκμεταλλεύεται χωρίς να έχει την παραμικρή ιδέα, για το τι τρομερή απειλή έχει γίνει γι' αυτήν. Με το να βλάπτει τη Φύση, προετοιμάζει το δρόμο για την ίδια του την καταστροφή.

Καθώς η ανθρώπινη διανόηση αναπτύσσεται και η επιστημονική γνώση του ανθρώπου αυξάνεται, δε θα έπρεπε αυτός να ξεχνά τα συναισθήματα της καρδιάς του, τα οποία του επιτρέπουν να ζει σε συμφωνία με τη Φύση και τους βασικούς της νόμους.

Ερώτηση: Τι ρόλο παίζει η θρησκεία στη σχέση μεταξύ ανθρώπου και Φύσης;

ΆΜΜΑ: Η θρησκεία βοηθά τον άνθρωπο να διατηρεί την επίγνωση ότι δεν είναι διαχωρισμένος απ' τη Φύση. Χωρίς τη θρησκεία το ανθρώπινο είδος χάνει αυτήν τη συνείδηση. Η θρησκεία μας μαθαίνει ν' αγαπάμε τη Φύση. Στην πραγματικότητα, η πρόοδος και η ευημερία του ανθρώπινου είδους εξαρτάται αποκλειστικά απ' το καλό που κάνει ο άνθρωπος για τη Φύση. Η θρησκεία βοηθά να διατηρηθεί μια αρμονική

11

σχέση μεταξύ των ανθρώπων, μεταξύ ατόμου και κοινωνίας και μεταξύ ανθρώπου και Φύσης.

Η σχέση μεταξύ ανθρώπου και Φύσης είναι όπως η σχέση μεταξύ Πιντανάντα (Pindananda - μικρόκοσμος) και Μπραχμανάντα (Brahmananda - μακρόκοσμος). Οι σοφοί μας πρόγονοι το κατανόησαν αυτό. Γι' αυτόν το λόγο έδιναν μεγάλη σημασία στη λατρεία της Φύσης μέσα από θρησκευτικές πρακτικές. Η ιδέα πίσω απ' τις θρησκευτικές άτσαραμ (acharam - πρακτικές) ήταν να συνδεθούν στενά τα ανθρώπινα όντα με τη Φύση. Με την καθιέρωση μιας σχέσης αγάπης μεταξύ ανθρώπου και Φύσης, εξασφάλιζαν ταυτόχρονα τόσο την ισορροπία στη Φύση όσο και την πρόοδο του ανθρώπινου γένους.

Δείτε ένα δέντρο. Προσφέρει τη σκιά του ακόμα και σ' αυτόν που το κόβει. Δίνει τα γλυκά και νόστιμα φρούτα του σ' αυτόν που το πληγώνει. Η δική μας στάση είναι όμως εντελώς διαφορετική. Όταν φυτεύουμε ένα δέντρο ή εκτρέφουμε ένα ζώο, ενδιαφερόμαστε μόνο για το κέρδος που θα έχουμε απ' αυτό. Αν το ζώο πάψει ν' αποφέρει κέρδος, θα το εξοντώσουμε αμέσως και χωρίς ενδοιασμό. Αμέσως μόλις η αγελάδα σταματήσει να παράγει γάλα, θα την πουλήσουμε στον κρεοπώλη με σκοπό τα χρήματα. Αν ένα δέντρο πάψει να καρποφορεί, θα το κόψουμε και θα φτιάξουμε απ' αυτό έπιπλα ή κάτι άλλο. Ο εγωισμός και η ιδιοτέλεια βασιλεύουν παντού στον ύψιστο βαθμό. Η ανιδιοτελής αγάπη δεν μπορεί να βρεθεί πουθενά.

Αλλά οι πρόγονοί μας δεν ήταν έτσι. Γνώριζαν ότι τα δέντρα, τα φυτά και τα ζώα ήταν απολύτως απαραίτητα για το όφελος και το καλό των ανθρώπων. Πρόβλεψαν ότι ο άνθρωπος, στις στιγμές της κυριαρχίας του εγωισμού του, θα ξεχνούσε τη Φύση και θα έπαυε εντελώς να ενδιαφέρεται γι' αυτήν. Γνώριζαν επίσης ότι οι μελλοντικές γενιές θα υπέφεραν, εξαιτίας του διαχωρισμού του ανθρώπου απ' τη Φύση και της απομάκρυνσής του απ' αυτήν. Γι' αυτόν το λόγο συνέδεσαν κάθε θρησκευτική τελετή με τη Φύση.

Έτσι, μέσω θρησκευτικών αρχών, στόχευαν στην επίτευξη ενός συναισθηματικού δεσμού μεταξύ ανθρώπου και Φύσης. Οι αρχαίοι αγαπούσαν και λάτρευαν τα δέντρα και τα φυτά, όπως το δέντρο μπάνιαν (banyan), το δέντρο μπίλβα (bilva - ξινομηλιά) και το βότανο τουλάσι (tulasi - βασιλικός), όχι επειδή έδιναν καρπούς και τους βοηθούσαν να εξασφαλίζουν κάποιο οικονομικό κέρδος, αλλά επειδή οι αρχαίοι γνώριζαν ότι οι ίδιοι ήταν ένα με τη Φύση στο σύνολό της.

Η θρησκεία μας μαθαίνει ν' αγαπάμε τη Δημιουργία στην ολότητά της. Μερικοί άνθρωποι σαρκάζουν τη θρησκεία λέγοντας ότι δεν είναι τίποτα άλλο παρά τυφλή πίστη. Ωστόσο, έχει γενικά διαπιστωθεί, ότι οι πράξεις τέτοιων ανθρώπων προκαλούν μεγαλύτερο κακό στη Φύση απ' αυτές εκείνων που πιστεύουν στο Θεό. Οι άνθρωποι με θρησκευτική συνείδηση, και όχι οι αποκαλούμενοι διανοούμενοι, είναι αυτοί που προστατεύουν, διατηρούν και αγαπούν τη Φύση. Υπάρχουν κάποιοι άνθρωποι, οι οποίοι, παραθέτοντας μοντέρνες επιστημονικές θεωρίες, προσπαθούν συνεχώς ν' αποδείξουν πως οτιδήποτε διδάσκει η θρησκεία είναι λανθασμένο. Η αλήθεια όμως είναι ότι ο βαθύς σεβασμός, η ευλάβεια και η αφοσίωση, που ανέπτυξαν οι άνθρωποι μέσω της θρησκευτικής τους πίστης, επιδρούν πάντα ευεργετικά τόσο στην ανθρωπότητα όσο και στη Φύση.

Η θρησκεία μας διδάσκει να λατρεύουμε το Θεό μέσα στη Φύση. Μέσα απ' τις ιστορίες για τη ζωή του Κρίσνα[2], απέκτησαν το βότα-

---

[2] Κρίσνα (ο) (Krishna): Σύμφωνα με την ινδική παράδοση

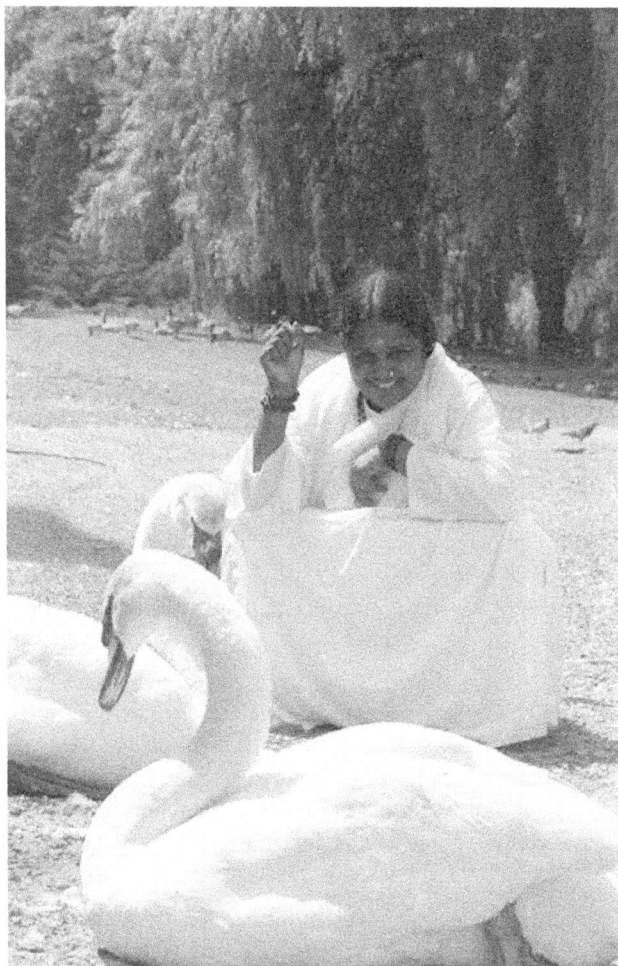

νο τουλάσι και η αγελάδα ιερότητα κι έγιναν πολύ αγαπητά στους ανθρώπους στην Ινδία, οι οποίοι τα προσέχουν και τα προστατεύουν πολύ στοργικά. Στο παρελθόν, σε κάθε σπίτι στην Ινδία υπήρχε μια μικρή λιμνούλα κι ένα μικρό αλσύλλιο. Στην μπροστινή αυλή κάθε σπιτιού καλλιεργούνταν τουλάσι. Τα φύλα του τουλάσι έχουν μεγάλη θεραπευτική αξία. Τα φύλα του δεν θα σαπίσουν ακόμα κι αν μαζευτούν και φυλαχτούν για πολλές μέρες. Οι θεραπευτικές τους ιδιότητες παραμένουν.

Μέρος της καθημερινότητας εκείνων των ημερών ήταν το πότισμα του τουλάσι κάθε πρωί. Αυτό συνοδεύονταν από μια βαθιά υπόκλιση μπροστά του, γεμάτη ευλάβεια και αφοσίωση. Το τουλάσι λατρεύονταν σαν η ενσάρκωση της Θεάς[3]. Αυτός ήταν ο παραδοσιακός τρόπος έκφρασης ευλάβειας και λατρείας, τον οποίο οι

ο Κρίσνα έζησε περίπου το 3000 π. Χ. Θεωρείται η δέκατη ενσάρκωση του Θεού στη Γη. Επανέφερε τη δικαιοσύνη και διεξήγαγε μεγάλες μάχες κατά τυρανικών βασιλέων. Είναι η πιο αγαπημένη και πολυλατρευμένη Θεότητα όλων των Ινδουιστών. Δίδαξε την αληθινή αγάπη και ήταν πηγή ευδαιμονίας και ευσπλαχνίας.

[3] Σύμφωνα με το μύθο, η Τουλάσι ήταν μια απ' τις Θεότητες της Ινδουιστικής παράδοσης, η οποία πήρε τη μορφή του φυτού αυτού για το καλό της ανθρωπότητας.

Ινδοί εκδήλωναν επίσης και σε άλλα δέντρα, όπως το δέντρο μπάνιαν, το δέντρο μπίλβα και η συκιά. Η θεραπευτική αξία των φύλλων του τουλάσι, η οποία ήταν γνωστή στους ρίσις[4] (αρχαίοι άγιοι - προφήτες) πριν από αιώνες, έχουν τώρα αποδειχτεί απ' τη μοντέρνα επιστημονική έρευνα.

Το ερώτημα όμως είναι: δείχνουν οι επιστήμονες και οι άλλοι, που ανακάλυψαν τη θεραπευτική αξία του τουλάσι και άλλων ιερών φυτών, στη Φύση την ίδια αγάπη και ευλάβεια, όπως έκαναν οι προγονοί μας, οι οποίοι εμπνέονταν και ωθούνταν απ' τη θρησκευτική τους πίστη; Δεν είναι η θρησκευτική πίστη που βοηθά περισσότερο να προστατέψουμε και να διατηρήσουμε τη Φύση, απ' ότι η γνώση που αποκτιέται μέσω της μοντέρνας επιστήμης;

Ας υποθέσουμε ότι έχετε δέκα σπόρους. Καταναλώστε τους εννιά απ' αυτούς, αν θέλετε,

---

Το τουλάσι (βοτανολογικά: ocimum sanctum) είναι ένα απ' τα πιο θεραπευτικά βότανα στην Ινδία.

[4] Ρίσι / Ρίσις (ο / οι -πλυθ.-) (Rishi): Αυτοπραγματωμένοι προφήτες ή άγιοι, οι οποίοι βίωσαν την Ύψιστη Αλήθεια και εξέφρασαν αυτήν τη βιωματική τους γνώση μέσα απ' τα Ιερά Κείμενα των Ινδουιστικών Γραφών. (Σημ. Μεταφρ.)

αλλά κρατήστε τουλάχιστον ένα σπόρο, για να τον σπείρετε. Τίποτα δε θα έπρεπε να καταστρέφεται εντελώς. Αν κερδίσετε εκατό δολάρια απ' τη σοδειά, τα δέκα απ' αυτά τουλάχιστον, θα πρέπει να δοθούν για φιλανθρωπικούς σκοπούς.

Οι ινδικές Γραφές διδάσκουν ότι ένας οικογενειάρχης θα πρέπει να τελεί τις πέντε πάντσα γιάγκνας,(pancha yajnas), δηλ. τις πέντε καθημερινές τελετουργικές και πνευματικές πρακτικές που έχουν το χαρακτήρα προσφοράς. Η πρώτη εξ' αυτών είναι η ντέβα γιάγκνα (deva yajna), δηλ. η λατρεία στο Θεό, στην Υπέρτατη Δύναμη, η οποία πρέπει να τελείται απ' αυτόν με μεγάλη αφοσίωση και με τον καλύτερο δυνατό τρόπο που αυτός μπορεί.

Επόμενη είναι η ρίσι γιάγκνα, (rishi yajna), δηλ. η λατρεία των σοφών ή αγίων. Οι αρχαίοι σοφοί - άγιοι, οι οποίοι έφτασαν στη Θέωση δηλ. στη συνειδητοποίηση και πραγμάτωση της ενότητάς τους με το Θεό, δεν επέτρεψαν στις μοναδικές τους εμπειρίες να χαθούν στη λήθη. Εξαιτίας της ευσπλαχνίας τους για την ανθρωπότητα, μετέδωσαν αυτές τους τις εμπειρίες με τη μορφή των Γραφών ή άλλων Ιερών Κειμένων. Η διακαής, ένθερμη και ευλαβική μελέτη των διδασκαλιών των Γραφών, καθώς και η εφαρμογή τους στην πράξη, συνιστούν την πρακτική αυτή.

Τρίτη είναι η πίτρου γιάγκνα, (pitru yajna). Αυτή έγκειται στην εκδήλωση σεβασμού και στην προσφορά υπηρεσίας στους γονείς και τους μεγαλύτερους. Περιλαμβάνει επίσης την ενθύμηση των εκλιπόντων προγόνων, η οποία συνοδεύεται με ευσεβείς και ευοίωνες σκέψεις και ευχές για το καλό της ψυχής αυτών.

Τέταρτη στη σειρά έρχεται η νάρα γιάγκνα, (nara yajna), δηλ. η προσφορά υπηρεσίας στην ανθρωπότητα. Αυτή περιλαμβάνει όλες τις μορφές ανιδιοτελούς υπηρεσίας, όπως η παροχή τροφής στους φτωχούς και άπορους, η φροντίδα των αρρώστων και των ηλικιωμένων κ.α.

Η μπούτα γιάγκνα (bhuta yajna) είναι η τελευταία απ' αυτές τις πρακτικές. Πρόκειται για την παροχή υπηρεσίας σε όλα τα έμψυχα όντα, θεωρώντας τα ενσάρκωση του Συμπαντικού - Υπέρτατου Όντος. Αυτό διενεργείται μέσω της παροχής τροφής, φροντίδας και προστασίας στο ζωικό και φυτικό βασίλειο.

Στις παλιές εκείνες μέρες τα μέλη της οικογένειας δεν έτρωγαν ποτέ, αν πριν δεν είχαν δώσει τροφή στα κατοικίδια πουλιά και ζώα τους. Πριν καθίσουν οι ίδιοι στο τραπέζι, πότιζαν επίσης τα φυτά και τα δέντρα τους. Η λατρεία της Φύσης και των φυσικών φαινομένων ήταν αναπόσπαστο μέρος της ανθρώπινης ζωής εκείνων των ημερών. Οι άνθρωποι είχαν πάντα το ζήλο να ευχαριστήσουν τη Φύση σε ένδειξη της ευγνωμοσύνης τους προς αυτήν για τα ευγενή δώρα της.

Η μπούτα γιάγκνα επιφέρει τη συνειδητοποίηση της ενότητας όλων των μορφών και εκδηλώσεων της ζωής. Μέσω αυτών των τελετουργικών και πνευματικών πρακτικών μαθαίνουν τα ανθρώπινα όντα να ζουν σε αρμονία με την κοινωνία και τη Φύση.

Περισσότερο απ' τη γνώση της μοντέρνας επιστήμης, είναι η βαθιά κατανόηση της θρησκείας, η αλήθεια ότι όλη η Δημιουργία είναι Ένα - αποτελεί μια ενότητα, η οποία διδάσκει στους ανθρώπους ν' αγαπούν τη Φύση και ν' αναπτύσσουν την αίσθηση και μια στάση ευλάβειας, σεβασμού και αφοσίωσης απέναντι σ' όλα. Η αγάπη που διδάσκει η θρησκεία δεν είναι το είδος της αγάπης που μπορεί να κατανοήσει ένας χονδροειδής νους. Είναι η αγάπη της καρδιάς. Αυτού του είδους η αγάπη μπορεί να εμποτίσει μόνο αυτόν τον άνθρωπο, ο οποίος είναι προικισμένος μ' έναν, μέσω της πίστης, εκλεπτυσμένο νου.

Αν υπάρχει ένας αστυνομικός σ' ένα χωριό, λιγότερες κλοπές θα συμβαίνουν, επειδή οι άνθρωποι θα τον φοβούνται. Παρομοίως, η ευλάβεια, ο σεβασμός και η αφοσίωση στο Θεό βοηθούν να διατηρηθεί το ντάρμα[5] ή η ορθή συμπεριφορά, στην κοινωνία. Με την αληθινή εσωτερίκευση των αρχών της θρησκείας και

---

[5] Ντάρμα (το) (dharma): Στα σανσκριτικά σημαίνει «αυτό που συντηρεί τη Δημιουργία» ή «αυτό που αρμόζει, ταιριάζει σε κάτι». Έχει πολλές σημασίες. Συνήθως χρησιμοποιείται με την έννοια αυτού που διατηρεί την αρμονία στο σύμπαν. Επίσης με την έννοια αυτού που συμβάλλει στην πνευματική ανύψωση και στο γενικό καλό όλων των δημιουργημάτων. Άλλοι ορισμοί είναι: ορθότητα, δικαιοσύνη, υπευθυνότητα, καθήκον, αρετή κ.α. Το αντίθετο του ντάρμα είναι το αντάρμα. (Σημ. Μεταφρ.)

την τήρηση του οριζόμενου θρησκευτικού τυπικού μπορούν οι άνθρωποι ν' αποφεύγουν τη διάπραξη λαθών.

Αυτοί που διακηρύσσουν ότι η θρησκεία είναι απλώς μια συλλογή τυφλών δοξασιών, δεν θα διαθέσουν ούτε ένα λεπτό για να προσπαθήσουν να καταλάβουν τις επιστημονικές αρχές πίσω από θρησκευτικές πρακτικές. Η μοντέρνα επιστήμη μπορεί να προξενήσει βροχή ψεκάζοντας τα σύννεφα με ιοδιούχο άργυρο. Ωστόσο, το νερό που προέρχεται από μια τέτοια, με αφύσικο τρόπο προκληθείσα βροχή, ίσως να μην είναι εντελώς καθαρό και αγνό. Απ' την άλλη πλευρά, οι Γραφές περιγράφουν συγκεκριμένες τελετές προσφορών, οι οποίες μπορούν να επιφέρουν βροχή. Οι σοφοί γνωρίζουν ότι η αγνότητα του βρόχινου νερού που προέρχεται με τέτοια μέσα, είναι κατά πολύ ανώτερη αυτής του νερού που εξασφαλίστηκε με μη φυσικές μεθόδους όπως ο ψεκασμός των σύννεφων.

Κατά παρόμοιο τρόπο, μια πολύ ευεργετική αλλαγή, τόσο για τη Φύση όσο και για τους ανθρώπους, μπορεί να προκληθεί προσφέροντας καθορισμένα είδη στην τελετουργική φωτιά[6].

---

[6] Ο τρόπος που διεξάγεται μια τελετή προσφορών σύμφωνα με την Ινδουιστική παράδοση είναι ο εξής: αρχικά

Όλες αυτές οι προσφορές και οι τελετές βοηθούν ν' αποκατασταθεί η χαμένη αρμονία και ισορροπία της Φύσης. Όπως τα αγιουρβεδικά[7] βότανα και φυτά θεραπεύουν φυσικές ασθένειες, έτσι και ο καπνός που προέρχεται απ' την τελετουργική φωτιά, στην οποία προσφέρονται είδη με θεραπευτική αξία, εξαγνίζει την ατμόσφαιρα.

Το κάψιμο λιβανιού, το άναμμα του καντηλιού, η προσφορά καθαρού - αγνού φαγητού στην τελετουργική φωτιά, ή στο Θεό, συμβάλλει επίσης στην κάθαρση της ατμόσφαιρας. Αυτές οι τελετές δεν έχουν ρυπογόνες παρενέργειες όπως το χλώριο ή οι διάφορες απολυμαντικές ουσίες, που χρησιμοποιούνται για τον

κατασκευάζεται ένα μικρό περιτείχωμα και μέσα σ' αυτό ανάβονται μικρά ξερά κλαδιά και φλοιοί από καρύδες. Στη φωτιά προσφέρονται συμβολικά μικρές ποσότητες από διάφορα είδη όπως λουλούδια, ιερά φυτά, βούτυρο από γάλα και άλλα. Ταυτόχρονα ψάλλονται προσευχές και ύμνοι.

[7] Αγιουρβέδα (η) (Ayurveda): κυριολεκτικά σημαίνει «Επιστήμη ή Γνώση της Ζωής». Πρόκειται για το μέρος της Βέδα (η Αγία Γραφή του Ινδουισμού), η οποία μεταξύ άλλων ασχολείται με τις αιτίες των ασθενειών, την πρόληψή τους καθώς και με τη θεραπεία και την αποκατάσταση της υγείας χρησιμοποιώντας επί τω πλείστων φυσικά φάρμακα από βότανα και φυτά. (Σημ. Μεταφρ.)

καθαρισμό του νερού και την καταστροφή των μικροβίων. Ο καπνός που προέρχεται απ' την τελετουργική φωτιά βοηθά επίσης στον καθαρισμό του αναπνευστικού συστήματος, απομακρύνοντας τη βλέννα και τα φλέματα απ' την αναπνευστική οδό. Η μοντέρνα επιστήμη υποστηρίζει ότι είναι επικίνδυνο να κοιτάμε κατ' ευθείαν τον ήλιο κατά την έκλειψή του. Η ίδια προειδοποιητική συμβουλή δόθηκε και απ' τους αρχαίους σοφούς - αγίους πριν από αιώνες. Αυτοί παρατηρούσαν τον ελλειπτικό ήλιο χρησιμοποιώντας μια πρωτόγονη, αλλά πολύ αποτελεσματική, μέθοδο, κοίταζαν δηλ. την αντανάκλαση της έκλειψης στο νερό, στο οποίο είχαν διαλύσει πριν κοπριά αγελάδας.

Με το να προστατεύουμε και να διατηρούμε άγρια και κατοικίδια ζώα, καθώς επίσης δέντρα και φυτά, προστατεύουμε και διατηρούμε ταυτόχρονα τη Φύση. Οι αρχαίοι λάτρευαν την αγελάδα και τη Γη και τις συμπεριλάμβαναν στις πέντε Μητέρες (πάντσα μάτας - pancha matas). Οι πέντε Μητέρες ήταν: η ντέχαματα (dehamata) - η βιολογική Μητέρα, η ντέσαματα (desamata) - η πατρίδα, η μπούματα (bhumata) - η Μητέρα Γη, η βέδαματα (vedamata) - οι

Βέδες[8] (Γραφές), η γκόματα (gomata) - η αγελάδα.

Για τους προγόνους μας η αγελάδα δεν ήταν απλώς ένα τετράποδο ον, αλλά ένα ιερό ζώο, το οποίο λατρεύονταν σα μια μορφή της

_____

[8] Βέδα (η) (Veda): Κυριολεκτικά σημαίνει «Γνώση». Μια συλλογή Ιερών Κειμένων, χωρισμένων σε τέσσερα μέρη, που αποτελούν την Αγία Γραφή του Ινδουϊσμού. Δεν θεωρούνται αποτέλεσμα ανθρώπινης συγγραφής, αλλά άμεσης αποκάλυψης της Ύψιστης Αλήθειας στους ρίσις (αρχαίοι σοφοί, αυτοπραγματωμένοι άγιοι - προφήτες), δηλ. αναδύθηκαν μέσα τους όντας σε κατάσταση βαθύτατου διαλογισμού (αυτοσυγκέντρωσης). Οι Βέδες απαρτίζονται από τα μάντρα, τα οποία είναι είδος προσευχής διατυπωμένη σε μια λέξη ή πρόταση. Οι ρίσις τις διέδωσαν στον κόσμο αρχικά μέσω προφορικής διδασκαλίας. (Σημ. Μεταφρ.)

Μητέρας της Θεάς. Καμιά θρησκεία δεν μπορεί να υπάρξει αποσπασμένη απ' τη Φύση. Η θρησκεία είναι ο κρίκος που δένει τον άνθρωπο στη Φύση. Η θρησκεία απομακρύνει το εγώ του ανθρώπου, επιτρέποντάς του, μ' αυτόν τον τρόπο, να γνωρίσει και να βιώσει την ενότητά του με τη Φύση.

Ερώτηση: Τι προκάλεσε τη ρήξη στη σχέση μεταξύ Φύσης και ανθρώπων;

AMMA: Εξαιτίας του εγωισμού και της φιλαυτίας του ο άνθρωπος αντιλαμβάνεται σήμερα τη Φύση αποσπασμένη απ' τον εαυτό του. Στην περίπτωση που κάποιος κοπεί ή πληγωθεί, είναι με βεβαιότητα η συνείδηση ότι και τα δύο χέρια, τόσο το αριστερό όσο και το δεξί, είναι «δικά μου», που παρακινεί το ένα να φροντίσει το άλλο. Δεν έχουμε την ίδια ανησυχία και το ίδιο ενδιαφέρον αν ο τραυματισμός συμβεί σε κάποιον άλλο, έτσι δεν είναι; Αυτό οφείλεται στην πεποίθηση και τη στάση: «Αυτό δεν είναι δικό μου». Το τείχος του διαχωρισμού μεταξύ των ανθρώπων και της Φύσης δημιουργείται κατά κύριο λόγο εξαιτίας της εγωιστικής στάσης των ανθρώπων.

Νομίζουν ότι η Φύση δημιουργήθηκε μόνο

γι' αυτούς, για να τη χρησιμοποιούν και να την εκμεταλλεύονται, με σκοπό να ικανοποιούν τις εγωιστικές τους επιθυμίες. Αυτή η στάση δημιουργεί ένα τείχος, ένα διαχωρισμό και μια απόσταση. Είναι μια τρομακτική αλήθεια ότι ο σύγχρονος άνθρωπος έχασε την ευρύνοιά του σαν αποτέλεσμα της τρομερής ανάπτυξης της μοντέρνας επιστήμης. Ο άνθρωπος βρήκε μεθόδους να παράγει εκατό ντομάτες από ένα φυτό, το οποίο, σε διαφορετική περίπτωση, θα μπορούσε να φέρει μόνο δέκα καρπούς. Πέτυχε επίσης να διπλασιάσει το μέγεθός τους.

Απ' τη μια, είναι αλήθεια ότι εξαιτίας της αυξημένης παραγωγής, μειώθηκε σε κάποιο βαθμό το ποσοστό της φτώχειας και της πείνας. Απ' την άλλη όμως, ο άνθρωπος δεν έχει πλήρη επίγνωση των επιζήμιων συνεπειών που προκαλούνται απ' τα συνθετικά λιπάσματα και τα εντομοκτόνα που διοχετεύονται στο σώμα του μέσω των τροφών που τρώει. Είναι γεγονός ότι τέτοιες χημικές ουσίες καταστρέφουν τα κύτταρα του σώματος και καθιστούν τον άνθρωπο ένα εύκολο θύμα των ασθενειών. Ο αριθμός των νοσοκομείων έπρεπε επίσης να αυξηθεί, καθώς οι επιστήμονες εξαναγκάζουν με τεχνητά μέσα τα φυτά ν' αποδώσουν καρπούς και σπόρους σε ποσότητες που υπερβαίνουν κατά πολύ τα όρια των δυνατοτήτων τους.

Η επιστήμη έχει φτάσει σε αφάνταστα ύψη, όμως ο άνθρωπος έχασε, εξαιτίας του εγωισμού του, την καθαρότητα που απαιτείται για να δει την αλήθεια, την πραγματική κατάσταση, και να πράξει με επίγνωση και διάκριση.

Είναι η εγωιστική σκέψη να θέλει περισσότερα, που ωθεί τον άνθρωπο να χρησιμοποιεί τεχνητά λιπάσματα και εντομοκτόνα. Είναι εξαιτίας της απληστίας του, που δε νοιάζεται ν' αγαπά τα φυτά. Ένα μπαλόνι μπορούμε να το φουσκώσουμε μέχρι σ' ένα ορισμένο σημείο. Μετά απ' αυτό το σημείο θα σπάσει αν συνεχίσουμε να διοχετεύουμε αέρα. Παρομοίως, ένας σπόρος έχει ένα συγκεκριμένο όριο παραγωγής που μπορεί ν' αποδώσει. Αν δεν το λάβουμε αυτό υπόψη και συνεχίσουμε την προσπάθεια ν' αυξήσουμε την παραγωγή με τεχνητά μέσα, θα επηρεαστεί σε μεγάλο βαθμό αρνητικά η δύναμη και η ποιότητα του παραγόμενου καρπού.

Κατ' επέκταση θα βλαφτεί και η υγεία εκείνων που θα φάνε τον καρπό αυτό. Τις παλιές μέρες μόνο το νερό και η φυσική κοπριά επαρκούσαν για την καλλιέργεια. Σήμερα όμως η κατάσταση είναι διαφορετική. Τα εντομοκτόνα

και τα τεχνητά λιπάσματα έχουν γίνει αναπό-
σπαστο μέρος της γεωργικής δραστηριότητας.
Σε τέτοιο βαθμό που το ανοσοποιητικό σύ-
στημα των φυτών και των σπόρων έχει γίνει
τόσο αδύναμο, που έχασαν τη δύναμή τους ν'
αντιστέκονται στις ασθένειες. Μέσω φυσικών
μεθόδων μπορούμε να ενισχύσουμε τη δύναμη
της αντίστασής τους στις ασθένειες. Η θρη-
σκεία μας διδάσκει ν' αγαπάμε το καθετί με
ταπεινότητα και ευλάβεια. Οι επιστημονικές
εφευρέσεις οδήγησαν στην τεράστια αύξηση
της παραγωγής, αλλά την ίδια στιγμή η ποιότητα
όλων έχει μειωθεί.

Το να βάζεις ένα πουλί ή ένα ζώο σε κλουβί,
είναι σα να βάζεις έναν άνθρωπο πίσω απ' τα
σίδερα της φυλακής. Η ελευθερία είναι το εκ
γενετής αναφαίρετο δικαίωμα κάθε ζωντανής
ύπαρξης. Ποιοι είμαστε εμείς που την αφαιρού-
με; Εγχέοντας ορμόνες σε μια κότα, προσπα-
θούμε να μεγαλώσουμε το μέγεθος των αυγών
της. Εξαναγκάζουμε τις κότες να γεννούν αυγά
δύο φορές την ημέρα με το να τις κλείνουμε
σε σκοτεινούς θαλάμους, οι οποίοι ανοίγουν
περιοδικά με σκοπό να δημιουργείται σ' αυτές
η λανθασμένη εντύπωση ότι πέρασε άλλη μια
μέρα. Μ' αυτόν τον τρόπο όμως μειώνεται η

διάρκεια ζωής της κότας στο μισό και τ' αυγά της χάνουν την ποιότητά τους.

Η σκέψη του κέρδους τύφλωσε τον άνθρωπο και κατέστρεψε όλη την καλοσύνη και τις αρετές του. Αυτό βεβαίως δε σημαίνει ότι δε θα έπρεπε να μας ενδιαφέρει η αύξηση της παραγωγής. Σε καμιά περίπτωση. Το θέμα είναι ότι υπάρχει ένα όριο σε όλα και η υπέρβαση αυτού του ορίου ισοδυναμεί με την καταστροφή της Φύσης.

Είναι ώρα πια να σκεφτούμε σοβαρά για την προστασία της Φύσης. Η καταστροφή της Φύσης είναι το ίδιο με την καταστροφή της ανθρωπότητας. Δέντρα, ζώα, πουλιά, φυτά, δάση, βουνά, λίμνες και ποτάμια - οτιδήποτε υπάρχει στη Φύση - έχουν, απεγνωσμένα, απόλυτη ανάγκη την καλοσύνη μας, την ευσπλαχνική φροντίδα και προστασία του ανθρώπου. Αν τα προστατέψουμε, θα μας προστατέψουν κι αυτά με τη σειρά τους.

Οι θρυλικοί δεινόσαυροι και πολλά άλλα είδη έχουν εξαφανιστεί εντελώς απ' το πρόσωπο της Γης, επειδή δεν ήταν σε θέση ν' αντέξουν στην αλλαγή των κλιματικών συνθηκών. Κατά τον ίδιο τρόπο, αν ο άνθρωπος δεν είναι προσεκτικός, όταν ο εγωισμός του θα έχει φτάσει στο έπακρο, θ' αναγκαστεί επίσης να υποκύψει στην ίδια τύχη.

Μόνο μέσω της αγάπης και της ευσπλαχνίας είναι δυνατή η προστασία και η διατήρηση της Φύσης. Αλλά και οι δύο αυτές ιδιότητες φθίνουν ταχύτατα στους ανθρώπους. Για να νιώσει κανείς αληθινή αγάπη κι ευσπλαχνία, πρέπει να συνειδητοποιήσει την ενότητα της ζωτικής δύναμης που αποτελεί τη βάση ολόκληρου του σύμπαντος και το διατηρεί. Αυτή η συνειδητοποίηση μπορεί να επιτευχθεί μόνο μέσω της μελέτης, σε βάθος, της θρησκείας και της τήρησης των πνευματικών αρχών.

Ερώτηση: Ποια είναι η σχέση μεταξύ πνευματικών ασκήσεων και της προστασίας της Φύσης;

ΑΜΜΑ: Όλα διαποτίζονται απ' την Υπέρτατη - Συμπαντική Συνείδηση. Αυτή η Συνείδηση συντηρεί τον κόσμο και όλα τα δημιουργήματα σ' αυτόν. Η θρησκεία μας συνιστά να λατρεύουμε, τα πάντα, βλέποντας το Θεό μέσα στο καθετί. Μια τέτοια προσέγγιση και στάση μας διδάσκει ν' αγαπάμε τη Φύση. Κανείς δεν θα πλήγωνε συνειδητά το σώμα του, επειδή γνωρίζει ότι αυτό θα ήταν οδυνηρό. Παρομοίως,

31

θα νιώθουμε τον πόνο των άλλων ανθρώπων να είναι δικός μας, όταν ανατείλει μέσα μας η συνειδητοποίηση ότι όλα διαποτίζονται από τη μία και ίδια Συνείδηση. Η ευσπλαχνία θα γεννηθεί μέσα μας και θα επιθυμούμε ειλικρινά να βοηθούμε και να προστατεύουμε τα πάντα. Σ' αυτήν την κατάσταση, δε θα έχουμε τη διάθεση να κόψουμε ούτε ένα φύλο χωρίς λόγο και ανάγκη. Θα κόβουμε ένα λουλούδι μόνο την τελευταία μέρα της ύπαρξής του, πριν πέσει απ' το μίσχο του. Θα το θεωρούμε πολύ βλαβερό για το φυτό, αλλά και για τη Φύση, αν το λουλούδι κοπεί αμέσως την πρώτη μέρα της άνθισής του εξαιτίας της απληστίας μας.

Στις προηγούμενες εποχές σε κάθε σπίτι ανήκε ένας ναΐσκος, ένας οικογενειακός χώρος προσευχής και λατρείας. Οι άνθρωποι συνήθιζαν να φυτεύουν λουλούδια στην αυλή του σπιτιού. Ο κήπος φροντίζονταν με αφοσίωση. Τα άνθη αυτών των φυτών, τα οποία φυτεύονταν και καλλιεργούνταν με τόση στοργική φροντίδα απ' την οικογένεια, αφιερώνονταν στο Θεό κατά τη διάρκεια της λατρείας.

Ό,τι προσφέρει η Φύση, μόνη πηγή των λουλουδιών και των φυτών, θα πρέπει να επιστρέφεται σ' αυτήν με αγάπη. Αυτός είναι ο συμβολισμός πίσω απ' την προσφορά λουλουδιών στο Θεό. Αυτό συντελεί επίσης στην ενίσχυση της αφοσίωσής μας στο Θεό. Η λατρεία, που τελείται και προσφέρεται με συγκέντρωση, βοηθά στην εξάλειψη των σκέψεων, κάτι που με τη σειρά του καθαρίζει κι εξαγνίζει το νου.

Πριν μερικά χρόνια, ο κήπος ή η περιβάλλουσα γη κάθε σπιτιού περιελάμβαναν ένα δάσος ή ένα αλσύλλιο μ' ένα μικρό ναό. Στο δάσος ή το αλσύλλιο αναπτύσσονταν δέντρα με υψηλή φαρμακευτική αξία, όπως το δέντρο μπάνιαν, η συκιά και το δέντρο μπίλβα (ξινομηλιά). Ο ναός και το δάσος ήταν ο κοινός τόπος λατρείας για όλη την οικογένεια. Με το σούρουπο η οικογένεια συνήθιζε να συγκεντρώνεται στο ναό για να υμνήσει το Θεό ψάλλοντας τα Θεία Ονόματα[9] και να προσφέρει τις προσευχές της μπροστά σε αναμμένα καντήλια.

Η μοντέρνα επιστήμη ανακάλυψε πρόσφατα ότι η μουσική συντελεί στην υγιή ανάπτυξη των φυτών και των δέντρων. Πέρα απ' την

---

[9] Είναι παράδοση στην Ινδία, κατά τη διάρκεια λατρείας του/της Θεού/Θεάς, ν' αναφέρονται σ' Αυτόν/Αυτήν με διάφορα ονόματα, τα οποία δηλώνουν τα χαρακτηριστικά Του/Της. Π.χ. Παντοδύναμος, Συμπονετικός, Παντογνώστης κ.α. Αυτά τα ονόματα είναι συνήθως 108 ή 1000 και ψάλλονται καθημερινά. (Σημ. Μεταφρ.)

ευδαιμονία που επιφέρουν οι λατρευτικοί ύμνοι σε όλα τα δημιουργήματα, όταν ψάλλονται με αγάπη, παρέχουν επίσης καθαρότητα και γαλήνη στο νου μας. Ο αέρας, που φιλτράρεται απ' τα φύλλα των θεραπευτικών δέντρων και φυτών, είναι επίσης ευνοϊκός για την υγεία μας. Ο καπνός απ' το φυτίλι που, εμποτισμένο με λάδι, καίγεται σε μια χάλκινη λάμπα, αλλά κι αυτός μιας λαμπάδας από αγνό κερί μέλισσας, σκοτώνει τα μικρόβια στην ατμόσφαιρα. Αλλά πέρα και πάνω απ' όλα, οι προσευχές που γίνονται με αγάπη, θ' αποκαταστήσουν τη χαμένη αρμονία της Φύσης.

Αν ένας συνηθισμένος άνθρωπος μπορεί να παρομοιαστεί μ' έναν ηλεκτρικό λαμπτήρα, ένας αληθινός σάντακ (πνευματικός αναζητητής) μπορεί να παρομοιαστεί μ' έναν μετασχηματιστή. Καθιστώντας το νου του ακίνητο και γαλήνιο, διαφυλάσσοντας την ενέργειά του, η οποία διαφορετικά θα διασκορπίζονταν μέσω της υπερβολικής απόλαυσης και της αναζήτησης της ευχαρίστησης, ο σάντακ αφυπνίζει την άπειρη πηγή ενέργειας και δύναμης μέσα του. Χωρίς ο ίδιος να έχει προτιμήσεις και αντιπάθειες, ακόμα και η αναπνοή του γίνεται ευεργετική για τη Φύση.

Ακριβώς όπως το νερό καθαρίζεται μ' ένα φίλτρο, έτσι και η πράνα[10] (ζωτική ενέργεια - δύναμη) του ταπάβσι[11] (ασκητή) είναι ένα φίλτρο που εξαγνίζει τη Φύση. Κατά την προπαρασκευή κάποιων φαρμάκων, οι αγιουρβεδικοί[12] γιατροί χρησιμοποιούν μια συγκεκριμένη φυσική πέτρα για να καθαρίσουν το λάδι που έχουν βράσει μαζί με θεραπευτικά φυτά για την παρασκευή κάποιων ιαμάτων. Παρομοίως, η αγνή ζωτική ενέργεια του ταπάβσι μπορεί να

---

[10] Πράνα (η) (Prana): Είναι μια σανσκριτική λέξη που σημαίνει "αναπνοή" και αναφέρεται στη ζωτική δύναμη που διατηρεί τη ζωή των ζωντανών όντων και στη ζωτική ενέργεια των φυσικών εξελικτικών διαδικασιών του σύμπαντος. Αποτελεί την κεντρική έννοια, στο σύστημα της Ινδικής ιατρικής και της Γιόγκα, όπου πιστεύεται ότι ρέει μέσα από ένα δίκτυο λεπτών κι ανεπαίσθητων καναλιών που ονομάζονται νάντι. (Σημ. Μεταφρ.)

[11] Τάπας (η) (Tapas): Άσκηση, σωματική και πνευματική αυτοπειθαρχία και εγκράτεια, με στόχο τον εξαγνισμό και την κάθαρση. Κατ' επέκταση ταπάβσι είναι αυτός που ασκείται εκτελώντας τάπας. (Σημ. Μεταφρ.)

[12] Αγιουρβεδικοί γιατροί: Είναι οι γιατροί που ακολουθούν το παραδοσιακό ινδικό θεραπευτικό σύστημα της Αγουρβέδα. Βλέπε επίσης υποσειμ. 9 στη σελ 20. (Σημ. Μεταφρ.)

εξαγνίσει τη Φύση διορθώνοντας τις ανισορρο-
πίες που δημιούργησε ο άνθρωπος.

Βλέποντας τη Φύση και παρατηρώντας
τον ανιδιοτελή τρόπο με τον οποίο προσφέρει,
μπορούμε να συνειδητοποιούμε τους δικούς μας
περιορισμούς. Αυτό θα βοηθήσει ν' αναπτύξου-
με αφοσίωση και παράδοση του εαυτού μας στο
Θεό. Μ' αυτόν τον τρόπο η Φύση μας βοηθά
να πλησιάζουμε περισσότερο στο Θεό και μας
διδάσκει πως να Τον λατρεύουμε πραγματικά.
Στην πραγματικότητα η Φύση δεν είναι παρά
η ορατή μορφή του Θεού, η οποία μπορεί να
ιδωθεί και να βιωθεί εμπειρικά με τις αισθήσεις
μας. Πράγματι, αγαπώντας και υπηρετώντας τη
Φύση, λατρεύουμε τον ίδιο το Θεό.

Ακριβώς όπως η Φύση δημιουργεί τις ευ-
νοϊκές συνθήκες για να μετατραπεί μια καρύδα
σ' ένα φοινικόδεντρο ή για να μετασχηματιστεί
ένας σπόρος σ' ένα μεγάλο οπωροφόρο δέντρο,
έτσι δημιουργεί και τις απαραίτητες συνθήκες
μέσω των οποίων μπορεί μια ατομική ψυχή να
φτάσει το Υπέρτατο Ον και να συγχωνευθεί, ν'
αποκτήσει την αιώνια ενότητα μ' Αυτό.

Ένας ειλικρινής αναζητητής της Αλήθειας
ή ένας αληθινός πιστός δεν μπορεί να βλάψει
τη Φύση επειδή βλέπει τη Φύση σα Θεό - δεν

αντιλαμβάνεται τη Φύση σαν ξεχωριστή απ' αυτόν τον ίδιο. Αγαπά πραγματικά τη Φύση.

Η Μητέρα θα έλεγε ότι ένας πραγματικός επιστήμονας θα έπρεπε να είναι κάποιος που αγαπά αληθινά - που αγαπά την ανθρωπότητα, που αγαπά όλη την Πλάση, κάποιος που αγαπά τη ζωή.

Ερώτηση: Πόσο σοβαρό είναι το περιβαλλοντικό πρόβλημα;

ΑΜΜΑ: Στο παρελθόν υπήρχε μια καθορισμένη ώρα για το καθετί. Σύμφωνα με την πρακτική εκείνων των ημερών, η γη καλλιεργούνταν κατά τη διάρκεια ενός συγκεκριμένου μήνα ή εποχής και ένας ιδιαίτερος μήνας ήταν επίσης ορισμένος για τη συγκομιδή της σοδειάς.

Εκείνες τις ημέρες δεν υπήρχε κανένας τρόπος άρδευσης των καλλιεργειών. Οι αγρότες εξαρτιόταν αποκλειστικά απ' το νερό και το ηλιακό φως που ευγενικά και άφθονα τους παρείχε η Φύση.

Οι άνθρωποι ζούσαν σε αρμονία με τη Φύση. Δεν προσπαθούσαν ποτέ να προκαλέσουν τη Φύση. Γι' αυτό και η Φύση ήταν πάντα πρόθυμη να βοηθήσει τον άνθρωπο. Η Φύση ήταν ο φίλος του. Οι άνθρωποι ήταν απόλυτα πεπεισμένοι πως θα έβρεχε, αν είχαν σπείρει σε μια συγκεκριμένη στιγμή του μήνα. Επίσης γνώριζαν με ακρίβεια πότε η σοδειά θα ήταν έτοιμη για συγκομιδή. Όλα εξελίσσονταν ομαλά. Η Φύση παρείχε βροχή και ηλιακό φως, στη σωστή στιγμή, δίχως παράλειψη. Η σοδειά δεν καταστρέφονταν ποτέ από υπερβολική ή άκαιρη βροχή, ούτε και υπήρχε ποτέ υπέρμετρη ηλιοφάνεια ή έλλειψη αυτής.

Όλα ήταν εξισορροπημένα. Οι άνθρωποι δεν προσπαθούσαν ποτέ να δρουν ενάντια στους νόμους της Φύσης. Αμοιβαία κατανόηση, πίστη, αγάπη, ευσπλαχνία και συνεργασία κυριαρχούσαν ανάμεσα στους ανθρώπους. Αγαπούσαν και λάτρευαν τη Φύση, κι αυτή σε ανταπόδοση τους ευλογούσε με μια αφθονία φυσικού πλούτου.

Μόνο μια τέτοια στάση μπορεί να βοηθήσει στην εξύψωση της κοινωνίας σαν ολότητα. Αλλά όμως τα πράγματα έχουν αλλάξει.

Οι επιστημονικές εφευρέσεις είναι πολύ ευεργετικές. Αλλά δε θα έπρεπε να είναι εναντίον της Φύσης. Η συνεχής βλάβη που προκαλείται απ' τους ανθρώπους έχει εξαντλήσει την υπομονή της Φύσης. Έχει αρχίσει να εκδικείται. Οι φυσικές καταστροφές αυξάνονται σε μεγάλο βαθμό. Η Φύση έχει αρχίσει το χορό της τελικής διάλυσης. Έχει χάσει την ισορροπία της εξαιτίας των μη ορθών πράξεων που διαπράττουν εναντίον της οι άνθρωποι. Αυτή είναι η κύρια αιτία για όλα όσα υποφέρουν οι άνθρωποι στη σημερινή εποχή.

Ο επιστήμονας που είναι εφευρετικός και πειραματίζεται, μπορεί να έχει αγάπη μέσα του. Αλλά αυτή η αγάπη είναι περιορισμένη, διοχετεύεται σ' ένα στενό κανάλι. Κατευθύνεται μόνο στον επιστημονικό τομέα, στον οποίο εργάζεται. Δεν περιλαμβάνει όλη τη Δημιουργία. Είναι, λίγο - πολύ, δεμένος με το εργαστήριο όπου εργάζεται ή με τον επιστημονικό εξοπλισμό που χρησιμοποιεί. Δεν τον απασχολεί η πραγματική ζωή. Ενδιαφέρεται περισσότερο ν' ανακαλύψει αν υπάρχει ζωή στη σελήνη ή στον

Άρη. Ενδιαφέρεται περισσότερο να εφευρίσκει πυρηνικούς εξοπλισμούς.

Ένας επιστήμονας ίσως ισχυρίζεται ότι προσπαθεί να βρει την αλήθεια του εμπειρικού κόσμου μέσω μιας αναλυτικής προσέγγισης. Ανατέμνει τα πράγματα, για να αναλύσει πώς λειτουργούν. Αν του δώσει κανείς ένα γατάκι, προτιμά να το χρησιμοποιήσει σαν αντικείμενο έρευνας παρά να το αγαπά σαν κατοικίδιο ζώο. Θα μετρήσει το ρυθμό της αναπνοής του, το σφυγμό και την αρτηριακή του πίεση. Στο όνομα της επιστήμης και της έρευνας για την αλήθεια, θα ανατμήσει το ζώο για να εξετάσει τα όργανά του. Μόλις ανατμηθεί το γατάκι, πεθαίνει. Η ζωή εξαφανίζεται και μαζί της χάνεται κάθε δυνατότητα για αγάπη. Μόνο όταν υπάρχει ζωή, υπάρχει και αγάπη. Στην έρευνά του για την αλήθεια της ζωής, ο επιστήμονας καταστρέφει, χωρίς να το συνειδητοποιεί, την ίδια τη ζωή. Παράξενο!

Ένας ρίσι είναι κάποιος που αγαπά πραγματικά, επειδή έχει καταδυθεί στον ίδιο του τον Εαυτό, στον πραγματικό πυρήνα της ζωής και της αγάπης. Βιώνει ζωή κι αγάπη παντού - πάνω, κάτω, μπροστά, πίσω - σε όλες τις κατευθύνσεις. Ακόμα και στην κόλαση και στον κάτω κόσμο δε βλέπει τίποτ' άλλο, παρά μόνο ζωή κι αγάπη. Γι' αυτόν δεν υπάρχει τίποτ' άλλο, παρά μόνο ζωή κι αγάπη, που ακτινοβολούν απ' όλες τις κατευθύνσεις με όλη τους τη λαμπρότητα και το μεγαλείο. Γι' αυτό η Μητέρα θα έλεγε, ότι αυτός είναι ένας «πραγματικός επιστήμονας». Πειραματίζεται στο εσωτερικό εργαστήριο της ίδιας του της ύπαρξης. Δε δημιουργεί ποτέ διαχωριστικές γραμμές στη ζωή. Γι' αυτόν η ζωή είναι μια ολότητα. Παραμένει διαρκώς σ' αυτήν την αδιαίρετη κατάσταση της αγάπης και της ζωής.

Ο πραγματικός επιστήμονας, ο σοφός, αγκαλιάζει στοργικά τη ζωή και γίνεται ένα μ' αυτήν. Δεν προσπαθεί ποτέ ν' αντιστρατευθεί τη ζωή. Ενώ ο επιστήμονας προσπαθεί να πολεμή-σει και να υποτάξει τη ζωή, ο σοφός παραδίδεται απλά και εγκαταλείπεται στη ζωή και την αφήνει να τον πάει οπουδήποτε αυτή θέλει.

Ο άνθρωπος έχει στραφεί εναντίον της Φύσης. Ο άνθρωπος δεν νοιάζεται πια για τη Φύση. Περισσότερο ενδιαφέρεται να εξερευνά και να πειραματίζεται. Προσπαθεί να υπερβεί κάθε όριο και περιορισμό. Αλλά δεν γνωρίζει ότι μ' αυτόν τον τρόπο προετοιμάζει το δρόμο για τη δική του καταστροφή. Είναι σα να ξαπλώνει κανείς ανάσκελα και να φτύνει προς τα πάνω. Το φτύμα θα πέσει στο ίδιο του το πρόσωπο.

Σήμερα, πέρα απ' την εκμετάλλευση της Φύσης, οι άνθρωποι τη ρυπαίνουν επίσης. Υπήρχε μια εποχή στην Ινδία που η κοπριά της αγελάδας χρησιμοποιούνταν σαν απολυμαντικό όταν τα παιδιά εμβολιάζονταν. Αλλά σήμερα μια πληγή θα μολύνονταν και ο πληγωμένος θα πέθαινε, αν επρόκειτο να επιθέσουμε στην πληγή κοπριά από αγελάδα. Η ουσία, η οποία ήταν φάρμακο που θεράπευε την πληγή, έχει τώρα μετατραπεί σε κάτι που προκαλεί μόλυνση. Τόσο πολύ δηλητήριο έχει εισέλθει στην αγελαδινή κοπριά μέσω του χόρτου, του σανού και άλλων τροφών, με τις οποίες ταΐζουμε τις αγελάδες.

Σήμερα δεν βρέχει πια όταν πρέπει να βρέξει. Και όταν βρέχει, η βροχή είναι είτε πολύ λίγη είτε υπερβολική και έρχεται ή πολύ νωρίς ή πολύ αργά. Το ίδιο ισχύει και για το φως του ήλιου. Στην εποχή μας οι άνθρωποι προσπαθούν να εκμεταλλευτούν τη Φύση. Αυτός είναι ο λόγος που υπάρχουν πλημμύρες, ξηρασίες, σεισμοί, κι όλα καταστρέφονται.

Υπάρχει μια τρομακτική πτώση της ποιότητας ζωής. Πολλοί άνθρωποι έχουν χάσει την πίστη τους. Δε νιώθουν καθόλου αγάπη κι ευσπλαχνία και έχει χαθεί το ομαδικό πνεύμα της από κοινού, χέρι με χέρι, εργασίας για το καλό όλων. Αυτό θα έχει αρνητική επίδραση στη Φύση. Αυτή θ' αποσύρει όλες τις ευλογίες και τις ευεργεσίες της και θα στραφεί εναντίον του ανθρώπου. Αδιανόητη θα είναι η αντίδραση της Φύσης αν ο άνθρωπος συνεχίσει μ' αυτόν τον τρόπο.

Υπάρχει μια ιστορία για ένα ζευγάρι, το οποίο είχε ένα κατάστημα οινοπνευματωδών ποτών. Ο σύζυγος έλεγε πάντα στη γυναίκα του, «Να προσεύχεσαι στο Θεό να μας φέρνει περισσότερους πελάτες». Η σύζυγος υπάκουε ειλικρινά στα λόγια του άνδρα της. Μια μέρα ένας απ' τους πελάτες πρόσεξε ότι προσεύχονταν και της είπε, «Σε παρακαλώ προσευχήσου και για μένα, ώστε να έχω κι εγώ περισσότερη δουλειά». «Ποια είναι η δουλειά σου;» ρώτησε η σύζυγος. «Κατασκευάζω φέρετρα», απάντησε αυτός.

Αυτή είναι η κατάσταση του κόσμου σήμερα. Έχει γίνει ένας κόσμος, στον οποίο οι άνθρωποι ενδιαφέρονται και φροντίζουν μόνο για τα δικά τους συμφέροντα.

Ερώτηση: Μετατρέπονται οι άνθρωποι σε απειλή για την ίδια την ύπαρξη της ζωής στον πλανήτη Γη;

ΑΜΜΑ: Όταν η Φύση προστατεύει και υπηρετεί ευσπλαχνικά τους ανθρώπους είναι αναμφισβήτητα υποχρέωσή τους ν' ανταποδώσουν αυτήν την προστασία και την υπηρεσία στη Φύση. Η μοντέρνα επιστήμη ισχυρίζεται ότι τα δέντρα και τα φυτά μπορούν ν' ανταποκριθούν μ' έναν αδιόρατο τρόπο στις σκέψεις και τις πράξεις των ανθρώπινων όντων. Η επιστήμη ανακάλυψε ότι τα φυτά τρέμουν από φόβο όταν τα πλησιάζουμε με την πρόθεση να κόψουμε τα φύλλα τους. Όμως χρόνια πριν οι άγιοι και οι σοφοί της Ινδίας, έχοντας κατανοήσει αυτήν τη μεγάλη αλήθεια, έζησαν μια ζωή πλήρους αποχής από επιβλαβείς και επιζήμιες ενέργειες.

Υπάρχει μια ιστορία στις Ινδουιστικές Γραφές που ονομάζεται Σακούνταλαμ και επεξηγεί αυτό το σημείο. Ένας σοφός βρήκε κάποτε ένα κοριτσάκι εγκατελειμένο σ' ένα δάσος. Το έφερε στο ερημητήριό του και το ανέθρεψε σα δικό του. Όταν μεγάλωσε, ανέθεσε στη νεαρή κοπέλα την εργασία της φροντίδας των φυτών και των κατοικίδιων ζώων του ερημητηρίου.

Εκείνη αγαπούσε τα φυτά και τα ζώα όσο την ίδια της τη ζωή.

Μια μέρα, όταν ο σοφός απουσίαζε, ο βασιλιάς της χώρας, ο οποίος είχε βγει για κυνήγι και διέσχιζε ιππεύοντας το δάσος, είδε την όμορφη κοπέλα. Την ερωτεύτηκε και ένιωσε την επιθυμία να την παντρευτεί. Με την επιστροφή του ο σοφός το πληροφορήθηκε και με χαρά συγκατατέθηκε στην επιθυμία του βασιλιά. Μετά τη γαμήλια τελετή η κοπέλα ήταν έτοιμη να φύγει απ' το ερημητήριο για να πάει στο παλάτι του βασιλιά. Τη στιγμή εκείνη, το γιασεμί, το οποίο πάντα αγαπούσε και φρόντιζε, έσκυψε και τυλίχτηκε απαλά στους αστραγάλους της. Τα ζώα έκλαιγαν όταν έφευγε. Αυτό απεικονίζει ότι τα ζώα, τα δέντρα και όλη η Φύση θα ανταποδώσουν την αγάπη μας, αν νοιαζόμαστε και φροντίζουμε πραγματικά γι' αυτά.

Ερώτηση: Είναι απαραίτητο ν' αποδίδουμε μεγαλύτερη σημασία στις ανάγκες των ανθρώπων απ' ότι στη Φύση;

ΑΜΜΑ: Η Φύση δίνει όλο τον πλούτο της στα ανθρώπινα όντα. Ακριβώς όπως η Φύση μας βοηθά αφοσιωμένα, με την ίδια ολόψυχη αφοσίωση θα πρέπει κι εμείς επίσης να βοηθούμε τη Φύση. Μόνο έτσι μπορεί να διατηρηθεί η αρμονία μεταξύ Φύσης και ανθρώπινων όντων. Το να κόψει κανείς δέκα φύλλα, ενώ μόνο πέντε είναι αρκετά, είναι αμαρτία. Ας υποθέσουμε ότι δύο πατάτες αρκούν για να μαγειρευτεί ένα φαγητό. Αν πάρεις μια τρίτη πατάτα, ενεργείς χωρίς διάκριση - διαπράττεις μια ανταρμική (μη ορθή) πράξη.

Το να χρησιμοποιούμε τη Φύση για τις ανάγκες μας, δεν μπορεί να θεωρηθεί λάθος. Αλλά η εκμετάλλευση αλλάζει το όλο θέμα. Αυτό κάνει την πράξη μας μη ορθή. Πρώτα απ' όλα, καταστρέφουμε ανώφελα και άσκοπα τη ζωή ενός επιπλέον φυτού, ζώου ή οτιδήποτε κι αν είναι αυτό, το οποίο εκμεταλλευόμαστε. Δεύτερον, στερούμε τη χρήση του από κάποιον άλλο. Κάποιος άλλος θα μπορούσε να το έχει χρησιμοποιήσει, ίσως ο γείτονάς μας, ο οποίος δεν έχει τίποτα να φάει.

Έτσι, όταν εκμεταλλευόμαστε τη Φύση, εκμεταλλευόμαστε τους συνανθρώπους μας. Είναι σίγουρα μια ανάγκη να έχουμε ένα σπίτι για να προστατευόμαστε απ' τη βροχή και τον ήλιο. Αλλά δεν θα πρέπει να χτίσουμε ένα σπίτι για να κάνουμε επίδειξη του πλούτου και του πολυτελούς τρόπου ζωής μας. Το να κόψουμε

τα δέντρα που χρειάζονται για να χτιστεί ένα σπίτι δεν μπορεί να θεωρηθεί μη ορθό. Μια πράξη γίνεται μη ορθή ή αμαρτωλή, όταν εκτελείται χωρίς διάκριση και επαγρύπνηση. Όταν κατασπαταλούμε τα χρήματά μας χωρίς να σκεφτόμαστε το Θεό, το Μεγάλο Δωρητή, ή τους άλλους, οι οποίοι θα ωφελούνταν απ' τα περίσσια για μας χρήματα - αυτό είναι μη ορθότητα.

Ερώτηση: Ποια είναι τα μέτρα, τα οποία μπορούν να ληφθούν στην κοινωνία για ν' αποτραπεί η καταστροφή Φύσης και ζώων;

Έφτασε με βεβαιότητα η στιγμή να λάβουμε χωρίς αναβολή αυστηρά μέτρα για να εμποδίσουμε τον άνθρωπο να καταστρέφει τη Φύση και τους πόρους, τους οποίους αυτή ευγενικά μας παρέχει σα δώρο ή σαν ανταμοιβή για τις καλές πράξεις που εκτελούμε. Η θέσπιση συγκεκριμένων, αυστηρών κανόνων θα είναι ευεργετική, αλλά όμως πρέπει να υπάρχουν άνθρωποι, οι οποίοι θα είναι πρόθυμοι να υπακούουν και να τους εφαρμόζουν. Στη σημερινή εποχή εκείνοι, οι οποίοι θα έπρεπε να τηρούν τους κανόνες, είναι οι πρώτοι που τους παραβιάζουν. Σε κάθε χωριό θα πρέπει να συγκροτηθούν σύλλογοι, με στόχο να καλλιεργηθεί στο σύνολο μια συνείδηση για τη σημασία της προστασίας και της διατήρησης της Φύσης.

Η διανοητική κατανόηση από μόνη της δεν αρκεί. Οι άνθρωποι θα πρέπει να διδαχθούν να λειτουργούν απ' την καρδιά τους. Οι δάσκαλοι και οι σύμβουλοι αυτών των συλλόγων θα πρέπει να έχουν την ικανότητα να παρακινούν τους ανθρώπους ν' αγαπούν τη Φύση και να νιώθουν ευσπλαχνία για όλη τη Δημιουργία και τα πλάσματά της. Οι ίδιοι οι δάσκαλοι και οι σύμβουλοι θα πρέπει να είναι άνθρωποι υψηλών ικανοτήτων και αποδοτικοί, οι οποίοι θα μπορούν να εμπνέουν τους άλλους να θέτουν σε εφαρμογή ό,τι έχουν διδαχθεί. Μόνο τότε θα υπάρξει κάποιο όφελος. Η υποστήριξη της θρησκείας και των πνευματικών αρχών θα βοηθήσει τα μέγιστα στην επίτευξη αυτού του στόχου.

Η κύρια αιτία για τη ρύπανση της ατμόσφαιρας είναι ο τοξικός καπνός, ο οποίος προέρχεται απ' τις τεράστιες μηχανές των εργοστασίων και άλλων βιομηχανιών. Αυτό επηρεάζει την υγιή ανάπτυξη των φυτών και ζώων. Οι τοξίνες που παράγονται σε τέτοιους τόπους βλάπτουν σοβαρά την υγεία των ανθρώπων επίσης. Απαραίτητα μέτρα θα πρέπει να ληφθούν για την προστασία και διατήρηση των δέντρων και φυτών, τα οποία αναπτύσσονται στις περιοχές που περιβάλλουν τα εργοστάσια και τους άλλους βιομηχανικούς χώρους. Στην πραγματικότητα είναι αυτά τα ίδια τα δέντρα και τα φυτά που καθαρίζουν και εξαγνίζουν σε μεγάλο βαθμό τη μολυσμένη ατμόσφαιρα σε τέτοιες τοποθεσίες. Χωρίς την ύπαρξη αυτών των φυτών η κατάσταση θα ήταν κατά πολύ χειρότερη. Η πρωτοβουλία για την προστασία του φυσικού περίγυρου θα πρέπει να προέλθει απ' τους επιχειρηματίες και τους υπαλλήλους τέτοιων εταιριών.

Μια κυβέρνηση μόνη της δεν μπορεί να κάνει τίποτα χωρίς την ειλικρινή και ολόψυχη συνεργασία των ανθρώπων. Για να γίνει αυτό, θα πρέπει να είναι μια κυβέρνηση, η οποία εργάζεται σύμφωνα με τη θέληση και τις επιθυμίες των ανθρώπων που αγαπούν τη Φύση. Αυτό με τη σειρά του απαιτεί υποστήριξη από πολιτικούς ηγέτες και ανώτερους κυβερνητικούς λειτουργούς. Αυτοί δεν θα πρέπει να είναι απλά μια ομάδα ανθρώπων, οι οποίοι ποθούν χρήματα και θέσεις εξουσίας. Επιδίωξή τους θα πρέπει να είναι η ανόρθωση της χώρας και των ανθρώπων της. Πάρα πολλά θα επιτευχθούν αν αυτοί είναι άτομα προικισμένα μ' έναν ανιδιοτελή και οικουμενικό τρόπο αντίληψης και θέασης των πραγμάτων, ο οποίος καθορίζει τις κρίσεις και τις αποφάσεις τους.

Ερώτηση: Είναι τα δάση ένα απαραίτητο κομμάτι της Γης;

ΑΜΜΑ: Ναι, πάρα πολύ μάλιστα. Η επιστήμη έχει ακόμα πολλά να κατανοήσει για τα διάφορα οφέλη που προσφέρουν τα δάση στη Φύση. Τα δάση είναι αναπόσπαστο μέρος της ζωής σ' αυτόν τον πλανήτη. Είναι απολύτως αναγκαία. Εξαγνίζουν και αποτρέπουν την υπερθέρμανση της ατμόσφαιρας, διατηρούν το έδαφος υγρό, προστατεύουν και συντηρούν την άγρια φύση κλπ.

Για την κάλυψη των αναγκών της ζωής, δεν είναι λάθος να κόβετε δέντρα και να συλλέγετε θεραπευτικά φυτά απ' το δάσος. Αλλά μην εκμεταλλεύεστε και μην καταστρέφετε τα πολύτιμα δάση. Η Φύση γνωρίζει πώς να προστατεύει και να φροντίζει τον εαυτό της. Σήμερα εκμεταλλευόμαστε τη Φύση στο όνομα της προστασίας και της διατήρησης. Τα πουλιά και τα ζώα ζουν ευτυχισμένα στο δάσος. Μόνο ο άνθρωπος είναι η μεγαλύτερη απειλή τους. Καταστρέφοντας τη Φύση, ο άνθρωπος έγινε εχθρός του εαυτού του. Δεν ξέρει ότι σκάβει τον ίδιο του τον τάφο, όταν κατεβάζει το τσεκούρι του στη βάση ενός δέντρου.

Ερώτηση: Είναι ενδεδειγμένο να προσεγγίζουμε Πνευματικούς Διδασκάλους χωρίς να προσπαθούμε οι ίδιοι να λύνουμε τα επίκαιρα προβλήματα;

ΑΜΜΑ: Οι ειδικοί μπορούν να σας βοηθήσουν να βάλετε σε μια τάξη πολλά απ᾽ τα προβλήματα με τα οποία έρχεστε αντιμέτωποι στην επαγγελματική σας ζωή. Δεν υπάρχει αμφιβολία γι᾽ αυτό. Αλλά μόνο η δύναμη του Θεού μπορεί στην πραγματικότητα να κάνει το οτιδήποτε να συμβεί. Για να γίνει οτιδήποτε είναι απαραίτητη η Χάρις. Η ανθρώπινη προσπάθεια, η οποία είναι προϊόν της διανόησης, του νου, μπορεί να μας οδηγήσει μέχρι σ᾽ ένα συγκεκριμένο σημείο, πέρα απ᾽ το οποίο δεν μπορεί να προχωρήσει άλλο. Πέρα απ᾽ αυτό το σημείο βρίσκεται το Βασίλειο της Θείας Χάριτος. Η καρποφόρηση των ενεργειών μας δε θα επιτευχθεί εκτός κι αν καταφέρουμε να συνδεθούμε και να συντονιστούμε μ᾽ αυτό το Βασίλειο, που είναι πέρα απ᾽ τις ανθρώπινες ικανότητες και δυνατότητες.

Ο καλύτερος τρόπος να συνδεθεί και να συντονιστεί κανείς μ' αυτήν την ενέργεια είναι αναζητώντας τη συμβουλή και τις ευλογίες ενός αυθεντικού Πνευματικού Διδασκάλου. Μια τέτοια μεγάλη ψυχή είναι η ίδια η πηγή αυτού του υπερβατικού Βασιλείου. Αυτός ή αυτή είναι μια ανεξάντλητη πηγή δύναμης, η ίδια η ενσάρκωση της Θείας Δύναμης και Χάριτος. Οι ειδικοί μπορούν να βοηθήσουν, αλλά δεν μπορούν να δώσουν ευλογία και να παρέχουν Χάρη. Η βοήθεια ενός ειδικού μπορεί ν' αποτύχει και να μην επιφέρει το σωστό αποτέλεσμα, αλλά τα λόγια ενός πραγματικού Πνευματικού Διδασκάλου και οι ευλογίες του δεν θ' αποτύχουν ποτέ.

Μην κοιτάτε ποτέ πίσω και μη θλίβεστε. Να κοιτάτε μπροστά και να χαμογελάτε. Θα πρέπει να εκτελούμε τις πράξεις μας με απεριόριστη πίστη και ύψιστη επαγρύπνηση, αλλά και με μια αίσθηση και στάση αποστασιοποίησης. Αυτό μας διδάσκουν οι Πνευματικοί Διδάσκαλοι. Ποιο το όφελος να νιώθουμε λύπη αν ένα φυτό, το οποίο εμείς καλλιεργήσαμε, μαραθεί; Φυτέψτε ένα άλλο χωρίς να μελαγχολείτε αναλογιζόμενοι αυτό που χάθηκε. Όταν μελαγχολεί κανείς σκεφτόμενος το παρελθόν, αποδυναμώνεται ο νους του και περιορίζονται οι νοητικές του ικανότητες. Αυτό θα επιφέρει το διασκορπισμό όλης του της ενέργειας.

Ο νους ενός Διδασκάλου δεν είναι όπως ο δικός μας, ο οποίος τρέχει αποκλειστικά πίσω απ' τις κοσμικές απολαύσεις. Μοιάζει μ' ένα δέντρο, το οποίο προσφέρει σκιά και γλυκά φρούτα ακόμα και σ' αυτούς που το κόβουν βίαια. Όπως το θυμίαμα χαρίζει την ευωδία του στους άλλους εις βάρος της ίδιας του της ύπαρξης, έτσι κι ένας σοφός κατακαίει κι εξαντλεί τη ζωή του δρώντας και ενεργώντας ανιδιοτελώς. Παρόλα αυτά όμως νιώθει απεριόριστη ευτυχία σκορπίζοντας αγάπη και ειρήνη σε όλη την κοινωνία. Μόνο ένα τέτοιο άτομο μπορεί να μας οδηγήσει, εμάς που είμαστε πλήρεις εγωισμού και προσκόλλησης, στο δρόμο της ορθότητας. Τέτοιοι σοφοί δεν είναι προορισμένοι μόνο για ένα άτομο, κοινωνική τάξη, θρησκεία ή αίρεση. Είναι προορισμένοι για όλο τον κόσμο, για όλη την ανθρωπότητα.

Αμριταπούρι, Μάιος 1994

www.ingramcontent.com/pod-product-compliance
Lightning Source LLC
Chambersburg PA
CBHW070634050426
42450CB00011B/3196